Salmo a la soledad
Psalm to Solitude

JOEL ALMONÓ

(traducción al inglés por Rhina Espaillat)

Books

Copyright ©2015 Joel Almonó
Todos los derechos reservados
www.cbhbooks.com

Editor: Manuel Alemán
Traducción al inglés: Rhina P. Espaillat
Diseño interior: Tina Conti
Fotografía del autor por Milton Amador
Imagen de cubierta: Elena Ray (© Dreamstime.com)
Ilustraciones de interior: Veniamin Skorodumov / Dmytro Kozlov (©Dreamstime.com)
Publicado en Estados Unidos por CBH Books.
CBH Books es una división de Cambridge BrickHouse, Inc.

Cambridge BrickHouse, Inc.
60 Island Street
Lawrence, MA 01840
U.S.A.

Cualquier forma de reproducción, distribución, comunicación pública o transformación de esta obra solo puede ser realizada con la autorización de sus titulares, salvo excepción prevista por la Ley.

ISBN: 978-1- 59835-457-7
First Edition
Impreso en Estados Unidos/Printed in United States
10 9 8 7 6 5 4 3 2 1

A Susan, mi esposa, que me acompaña en mi soledad

A la mujer indispensable

Salmo a la soledad

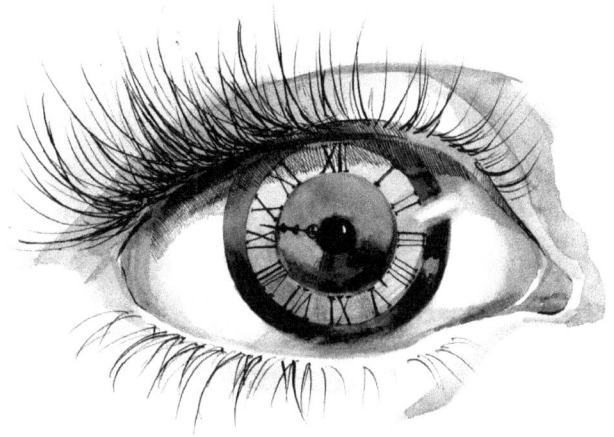

La soledad es hermana del silencio.

Entre ambas hay dolor y ternura
Amor y vacío
Soledad camina en la sombra
En cada vestigio donde la justicia se apoza
Soledad es alta,
    Rostro pálido
        Sombrío
            Solo piensa en sí misma

Sus ojos se pierden en un laberinto de risas y miradas
Su altura se deleita en disfrutar la bebida de la vida
Sus dedos se esfuerzan en arrancar los cabellos
del tiempo

Salmo a la Soledad

Hablan en ráfagas de palabras
Truenan verdades entre sus uñas,
Soledad se mueve con el desenfado de los hombres
Piensa con la voz taciturna de una doncella
El diluvio vuelve a cantar en los bordes de su camisa
Su rostro me dice lo impenetrable de su piel
Llena de vidas lejanas.

Esta aquí dispuesta a socorrer el vacío
Ansiosa por matar el hastío
Pero se vuelven poetas
Se unen en espanto cobijado de aliento.

Solo la muerte no le teme
                        Son hermanas

Sus padres les abandonaron en cada corazón humano
En cada bestia que respira
En cada átomo de Andrómeda
La soledad se mueve entre hilos de sangre
Los sin rostros la llaman entre pesadillas
Y saetas nocturnas
Ella nos visita con sus dientes de amapola
Sus dentelladas resplandecen en el miedo de las cosas

El tiempo es su amante
Y cuando el universo cimbra
Se unen en orgía de infierno vacío y espermas
Solo Era conoce esa tragedia
Canta cuando Soledad destila
Gota a gota sus miserias
No hay dolor más horrendo: sus pisadas
Con ellas abarca el plenilunio de los ángeles
                en su lucha postrera
Ella confundió lo infinito de la misericordia
                con la blasfemia
Durmió a los pies del innombrable
Para llorar la hiel de su lamento y sucumbir
                por la fuerza de un suspiro
Solo la Palabra se convirtió en Verbo cambiando
                los rayos del cosmos en materia

Los rayos atraparon a los sumerios
Antiguos dioses los cuales durmieron
           con los Adanes primeros
Ellos cambiaron sus formas
Convivieron con las hijas de los hombres
Y poblaron la tierra de miedos gigantes
La Soledad está encinta
Sus dolores son el Arco Iris del Pacto
Mientras este dure
Sus labios de agua no pueden besar la tierra
Sus nietos
Los ángeles caídos
Cuyos cuerpos están llenos de ojos
Anhelan el reencuentro con los Bodisatuas
La voz del Innombrable se revela
Hasta se vuelven dioses los montes

La Soledad es desterrada de sus senos
La Soledad bajo a la tierra
Acompañó a Eva en su aventura
Ambas se hicieron amigas
Durmieron bajo los consejos de la luna
Soledad se multiplicó en Pandoras
En hembras forradas de manzanas
Soledad bañó a Adán de un sueño poblado
De engaños y placeres ocultos

Sucumbió frente al delirio de su nombre
Para ser desterrada del corazón de los recuerdos
Y vivir bajo el amparo de la sombra
Cada mujer cuando nace
Tiene a su lado la soledad de Eva
Y cada hombre el volcán de la gloria
Toda mujer renace al embrujo de una palabra
Duerme al calor de una promesa
Por eso Soledad está presente
en el vestido nuevo de la tienda
En los zapatos viejos en la vidriera
En el reloj de la vida
En el collar de perlas ahogando la conciencia
En el dedo de Verano
El cual susurra frente a cada labio de espuma

Hoy Eva es tul,
    Es percal
Es bermeja,
   Usa lazos,
      Brotan del blanco del tiempo
Canta
   Delira
      Salta
         Cruza las piernas para fumar
al borde de la locura

❀ Joel Almonó ❀

Ella es
    Maestra
        Profesora
            Enfermera
                Atea
                    Desafiante
Creyente temerosa
No es el Unicornio azul de Silvio
Ni la Yolanda que bordea a Pablo
Tal vez es Penélope esperando a Euclides
O tal vez a Ulises o a Odiseo hijo de este mar
de conciencia y atropello

Son los amores de Víctor Hugo
Son los súcubos del Marqués de Sade
Es ese laberinto brotando del abismo
Es ese arranque de celos
Llegando a lo indecible del sufrimiento
Es el Adán de tu convento
Es la mirada cómplice del engaño
Es esa verdad inocultable de la muerte
Es ese color azul brotando del espejo
Es ese canto de sumisión ahogado en un deseo
Es esa fuerza contagiosa de una risa

De un abrir de ansias
De un olvido
De una soledad eterna
Soledad duerme en una espera
Se despierta con el dolor de un adiós
Y sostiene su existencia con un desvelo
Ella no muere
Porque no tiene sombra
Sin nombre
        Ni dolor
                Ni sombra
                        Es imposible morir

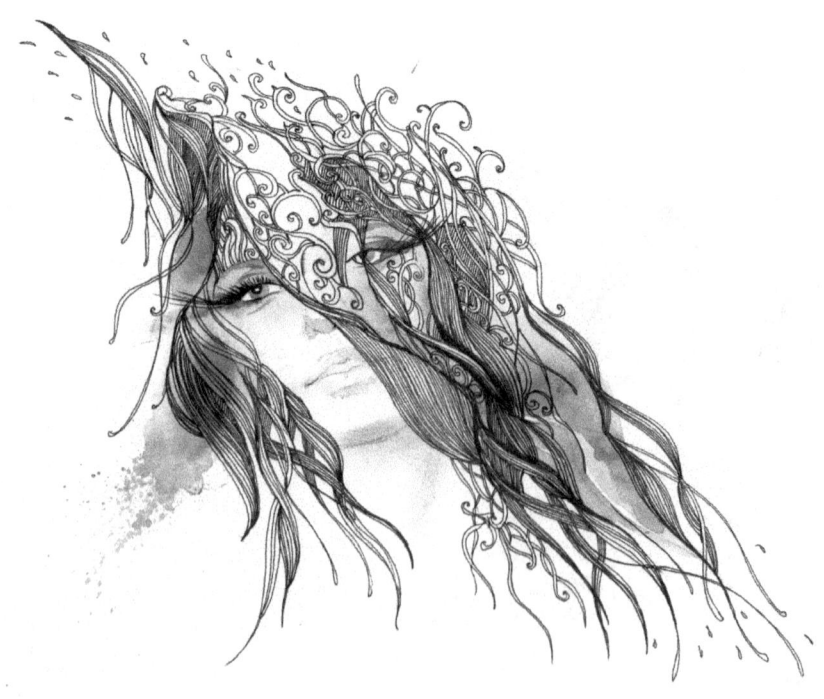

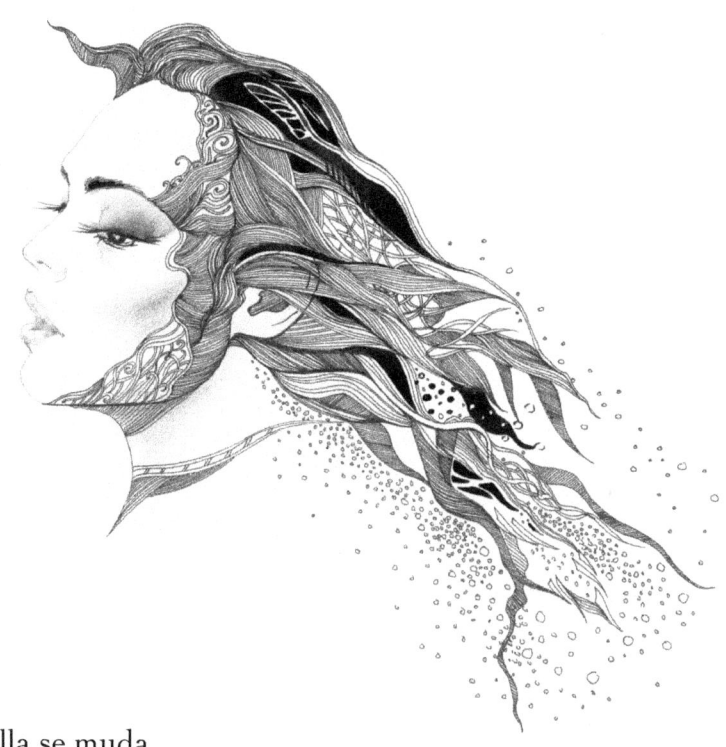

Ella se muda
Pero siempre seguirá siendo mujer
Mujer de agua
        De espuma
De venganza
De valentía
De suspiro
De ansias
De vértigo
De amor y misterio
Ese dejo infinito de inocencia duerme en la voz
        de los pájaros

En el suicidio de las aves
En el candor de un hipocampo
En la luz de un adiós
En el dolor tardío de suspiros
Soledad es una mañana de lluvia
en la noche de un amor imposible
es el frenesí de ruidos
de árboles y pájaros danzando en el delirio de la aurora

Soledad es una doble vía de desamparo
de otredad y vacío
Es ese rugir del corazón ante los destrozos de la noche
Son las gotas de miel atravesando la vida
Oh ruinas humanas
azoro del tiempo y vergüenza del no ser

Quién te habló de la sed de la ceniza
O te enseñó los dientes de la herida
Solo las lápidas beben las soledades
Y el amargo de la dicha besa la esperanza
                               de los hombres

Soledad son los vacíos de Dios golpeando el alma
El castigo borra la misericordia
La luz brota de su amor
Infinito como una rosa
Entonces quién golpea el rostro de la muerte
Quién invitó a *Katrina* a besar los párpados
de la tierra
Quién inspira de las Gehenas sus copas de ira
Quién llena de melancolía los labios de la luna

Solo tú Soledad eres culpable.
Culpable habitando los colores de la muerte
Al besar del laberinto sus huellas
Por llenarnos de dudas
Por sudar hastíos y penumbras
Culpables somos todos, Soledad
Por no herir a la muerte en el sacrificio del Gólgota
Culpable al depositar en los brazos de Caronte
        su alma andrógina
Culpable es el hombre
Abriendo las puertas del Hades
Para entregar a la amada

Culpable es el destino
        por negarnos al hombre perfecto

Culpable son los signos del tiempo
        frente a cada esposa asesinada

Culpable son los púlpitos
        calmando los dioses de sangre al no respirar
                los decálogos antiguos

Culpables ese trío de preñar las huellas del Getsemaní
        en el rito de una hora

Salmo a la Soledad

Oh Soledad

Consuelo de los primeros taínos

Donde la raza humana se vuelve ángeles

Y la sed se baña dónde nace el polvo

Ahí nació todo lo creado

Para ser hermano del agua desde el origen de la sombra

Sintiendo tres veces el dedo de Dios

En el INRI de la ceniza

Tres veces cantó el gallo

Y tres clavos besaron la rosa del Calvario

Tres veces la Soledad huyó del pez de polvo

Y tres veces bebió del cáliz de tormenta

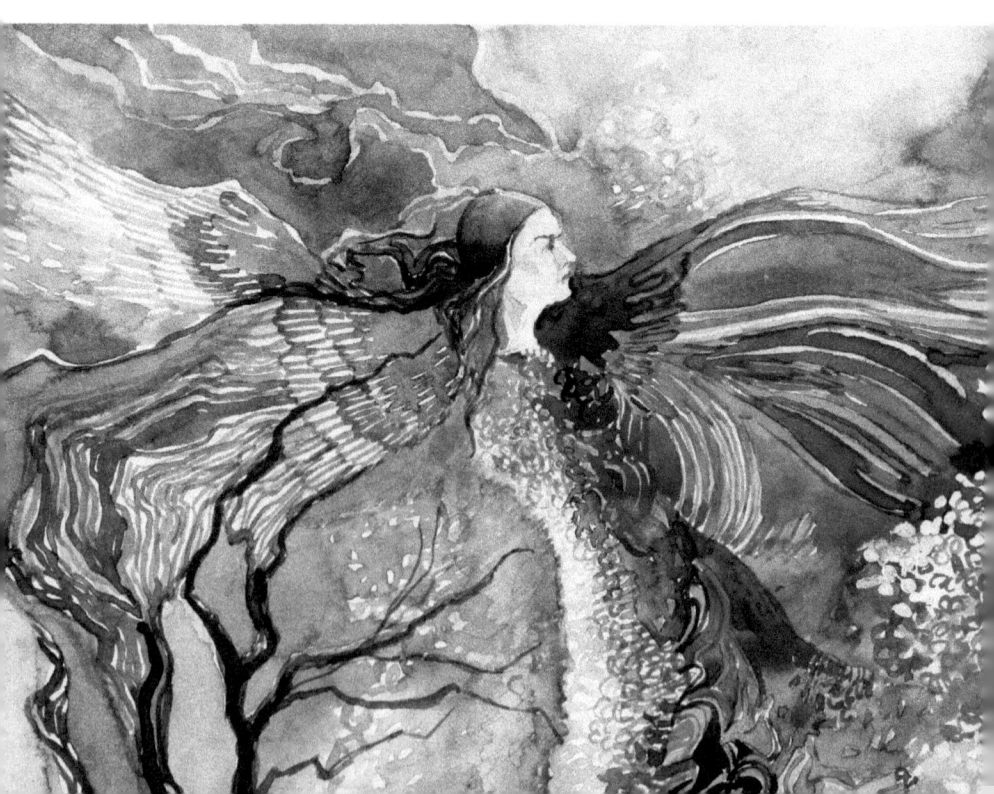

Soledad recorrió con los planetas errantes
cada poro de la noche
Enajenada buscó amantes
No fue su favorita
Solo el Querubín de luz la hizo mujer
Bajo el embrujo del conjuro
Ambos fueron desterrados de la mente de Dios
Su hermana la muerte
Apagó la sonrisa del ojo Trino
Al beber del oprobio su inmanencia
Por eso el relámpago creó al hombre de maíz
Para humanizar el rostro de la miseria

Solo tú conociste el alma de Hiroshima
Y la paz huyó de Nagasaki
Ambas invadieron el origen del silencio
Al beber gota a gota el corazón del dolor
Ven Soledad
apura esta copa de Azazales
Macho cabrío de promesa
Satura con sal de lamentos este becerro de oro
Y vuela hacia las bodas del Arco Iris
Para estallar en bruma la conciencia del espejo
Soledad se convirtió en un amasijo de barro y amapola
Cuando la serpiente muerde la manzana de Eva
Soledad renace en la muerte de la tarde
Nadie podrá olvidarla
Está en la agonía del invierno
     donde renace el hombre.

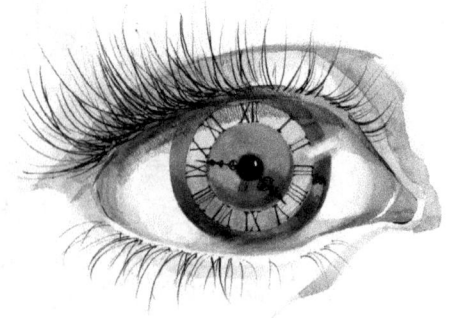

Psalm to Solitude

Solitude is the sister of silence
Between them lie grief and tenderness
Love and space
Solitude walks in the shadows
Wherever a trace of justice gathers to a pool
Solitude is tall
    Pale
        Taciturn
            Self-absorbed
Her eyes are lost in a maze of laughter and glances
Her height takes pleasure in drinking life to the lees
Her fingers attempt to pull at the hair of time

They speak in wisps of words
Truths thunder forth from her nails,
Solitude moves
      with the self-confidence of men
Thinks in the sparse voice of the maiden
The flood sings again in the hem of her garment
Her face tells me
      the unfathomable nature of her skin
Full of distant lives
Here she is prepared to salvage the void

Eager to destroy weariness
But they become poets
They huddle in fear
    under the shelter of breath
Only death does not fear her
    For they are sisters

Their parents abandoned them in each human heart
In each breathing creature
In each atom of Andromeda
Solitude moves among filaments of blood
The faceless call to her between nightmares
And the arrows of night
She visits us with her teeth of poppies
Her bite-marks gleam in the fear of things
Time is her lover
And when the universe sways
They come together in an orgy of empty hell and sperm

Only Hera recognizes that tragedy
She sings when Solitude distils
Her miseries drop by drop
No pain is more horrific than her steps
With them she takes in the full moon of the angels
in their final battle
She mixed together infinite mercy and blasphemy
She slept at the feet of the Nameless One
To weep over the bitterness of her lament and sink
under the weight of a sigh
Only the Word became the Word to alter the rays
of cosmos into matter
The rays imprisoned the Sumerians
Ancient gods who slept with the first Adams

They shape-shifted
To cohabit with the daughters of men
And peopled the earth with gigantic terrors
Solitude is with child
Her pangs are the Rainbow of the Covenant
As long as this lasts
Her lips of water may not kiss the earth
Her grandchildren are fallen angels
Whose bodies are covered with eyes
They long for a return encounter
with the Boddhisatvas

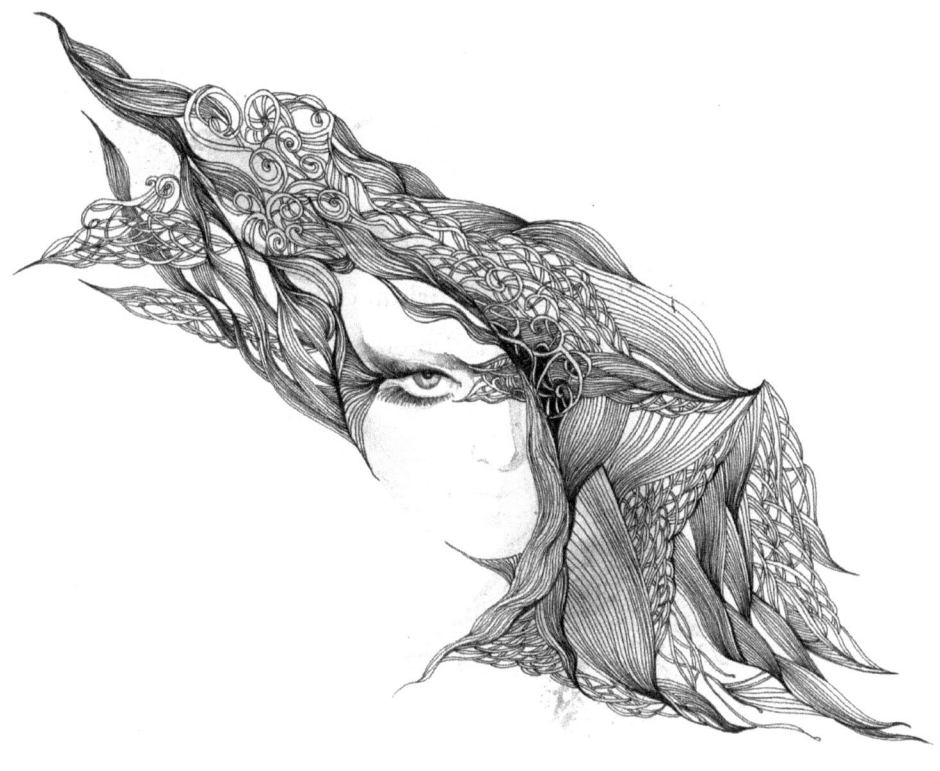

Salmo a la Soledad

The voice of the Nameless One reveals itself
The forests even become gods
Solitude is exiled
from their breasts
Solitude descended to earth
And stood beside Eve
during her adventure
The two became comrades
Who slept under the counsels of the moon

Solitude
multiplied into Pandoras
Into females lined with apples
Solitude bathed Adam
in a populous dream
Of illusions
       and secret pleasures
She succumbed before the delirium of her name
To be exiled from the heart of memory

And live in the shelter of a shadow
Each woman at birth
Stands beside the solitude of Eve
And each man beside the volcano of glory
Each woman is reborn to the ritual of a word
And sleeps in the warmth of a promise
Hence Solitude is present in the new dress in the shop

In the old shoes in the shop window
In the clock of life
In the string of pearls that drowns the conscience
In the finger of summer
That whispers to every lip of foam

Today Eve is tulle,
    Is percale,
Is red,
    Wears bows,
        Springs from the target of time
Sings
    Imagines
        Leaps
            Crosses her legs to smoke at the
edge of madness
She is
    Teacher
        Professor
Nurse
    Atheist
        Defiant

Fearful believer
Is not the blue unicorn of Silvio
Nor the Yolanda who skirts about Pablo
Perhaps she is Penelope waiting for Euclid
Or maybe for Ulysses or Odysseus the son of this ocean
of conscience and violence
They are the loves of Victor Hugo
The succubi of the Marquis de Sade
She is the labyrinth emerging from the abyss
The engine of jealousy
Reaching the unspeakable utmost of suffering
The Adam of your convent
The complicit glimpse of deceit
The inescapable truth of death
The blue bursting from the mirror
That song of submission drowned in desire
The contagious energy of laughter
And a flowering of longings
Of oblivion
Of eternal solitude
Solitude dreams during its waiting
Awakens with the sorrow of a farewell

And sustains her existence with wakefulness
She never dies
Because she has no shadow
Without a name
    Or grief
        Or a shadow
            Nothing can die
She is mute
But always woman

Woman of water

Of foam

Of vengeance

Of courage

Of sighs

Of longings

Of vertigo

Of love and mystery

That trace of innocence sleeps in the voice of birds

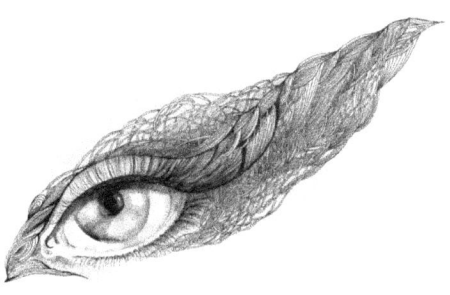

In the suicide of birds
In the candor of the seahorse
In the light of a farewell
In the belated grief of sighs
Solitude is a rainy morning
In the night of an impossible love

She is the frenzy of sounds
Of trees and birds dancing in the delirium of dawn
Solitude is the forked road of despair
Of otherness and emptiness
Is that growling of the heart facing
the wreckage of night
The drops of honey moving across life
O human ruins
Phantom of time and the shame of non-existence
Who spoke to you of the thirst of ashes
Or shows you the teeth of the wound
Only tombstones drink in those solitudes
And the bitter side of good fortune kisses
the hope of men.

Salmo a la Soledad

Solitude is the hollows
of God
battering the soul
Punishment erases mercy
Light bursts from its love
Infinite as a rose

Then who strikes the face of death
    Who invited Katrina to kiss
        the eyelids of the earth
    Who drinks from all the Hells
        their cups of fury
    Who fills the lips of the moon
        with melancholy
You alone, Solitude, are to blame
    To blame as you wear
        the colors of death
As you kiss the maze of its tracks
    To fill us
        with doubt

To sweat through weariness and semi-darkness
We are all to blame Solitude
Of not wounding death at the sacrifice on Golgotha
Guilty of leaving in the arms of Charon
the androgynous soul
Man is guilty
Of opening the gates of Hades
To relinquish the beloved
Fate is guilty of denying us the perfect man
The signs of the time are guilty
Before each murdered wife
The pulpits are guilty
Of soothing the gods of blood by failing
to breathe ancient decalogues
Guilty is that trio of impregnating the traces
of Gethsemane
In an hour's ritual

Joel Almonó

O Solitude
Consolation of the first Taínos
Where the human race becomes angelic
And thirst bathes itself where dust is born
There where everything created was born
To be brother to the water from the source
of the shadow
Thrice touched by the finger of God

In the INRI of ash
Thrice the cock crowed
And three nails blessed the rose of Calvary
Thrice Solitude fled from the fish in the dust
Thrice drank from the cup of the tempest
Solitude traverses with the wandering planets every pore
of night
Beside herself she searched for lovers
She was not the favorite
Only the Cherub of Light made her a woman
By means of a ritual
Both were exiled from the mind of God
Her sister death
Extinguished the smile from the Threefold eye
On drinking in the ignominy of its immanence
Therefore lightning created the man of corn
To humanize the face of misery
Only you learned the soul of Hiroshima
And peace fled from Nagasaki
Both invaded the source of silence
On drinking drop by drop the heart
of pain
Come Solitude drink down this cup
of Azazales
Goatish male creature of promises
Saturate with the salt of lament this golden calf

And fly toward the wedding feasts
of the rainbow
To shatter into foam the conscience
of the mirror
Solitude was transformed into a mixture
of clay and poppies
When the serpent bites into the apple
of Eve
Solitude is reborn as the afternoon dies
No one shall ever forget her
She is in the death throes of winter
when man is reborn.

JOEL ALMONÓ

www.ingramcontent.com/pod-product-compliance
Lightning Source LLC
Chambersburg PA
CBHW071648040426
42452CB00009B/1808